Etudes Françaises

ENSEMBLE 2

Grammatisches Beiheft

von
Raimund Niklasch
und
Brigitte Schröder

ERNST KLETT VERLAG
Stuttgart Düsseldorf Leipzig

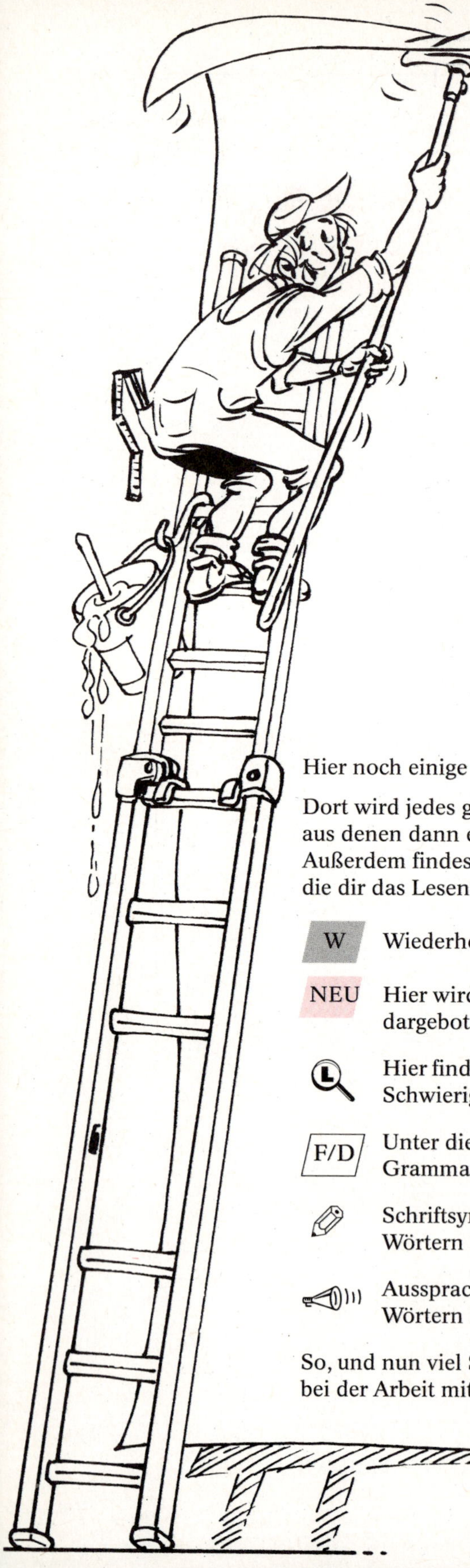

Liebe Schülerin, lieber Schüler,

kennst du mich noch aus dem ersten Band? Ich bin Grammario und ich werde dich auch durch dieses Grammatische Beiheft begleiten, dir nützliche Tipps geben und dich auf Schwierigkeiten hinweisen.

Zunächst **einige Hinweise** für die Arbeit mit diesem Beiheft. Sie helfen dir, dich schnell darin zurechtzufinden.

- Das **Inhaltsverzeichnis** (S. 3–4) klärt dich über die grammatischen Schwerpunkte jeder Lektion auf.
- Wenn du einmal gezielt etwas nachschlagen möchtest, so ziehe am besten das **Stichwortverzeichnis** (S. 48) zu Rate.
- Stolperst du in einem Paragraphen über einen dir unbekannten Begriff, so besteht kein Grund zur Panik! Auf den Seiten 45–47 findest du ein **Verzeichnis aller grammatischen Begriffe** mit ihrer deutschen Entsprechung und Beispielen.
- Und nun noch etwas ganz Wichtiges: Auf den Seiten 43–44 findest du eine **Übersicht über alle Verben und Verbformen**, die du im Laufe der Arbeit mit *Ensemble 1* und *2* kennen gelernt hast.

Hier noch einige Hinweise zu den **Grammatikkapiteln**:

Dort wird jedes grammatische Problem zunächst an **Beispielen** dargestellt, aus denen dann eine **Regel** abgeleitet wird.
Außerdem findest du in den Grammatikkapiteln eine Reihe von Symbolen, die dir das Lesen erleichtern sollen:

W — Wiederholung: Hier wird an bereits bekannten Stoff angeknüpft.

NEU — Hier wird anhand von Beispielen und Regeln der neue Stoff dargeboten.

L — Hier findest du wertvolle Lerntipps, aber auch Hinweise auf besondere Schwierigkeiten und auf Ausnahmen.

F/D — Unter diesem Zeichen werden schwierige Teile der französischen Grammatik mit dem Deutschen verglichen.

Schriftsymbol: Es weist auf die Schreibweise (das Schriftbild) von Wörtern hin.

Aussprachesymbol: Es weist auf die Aussprache (das Lautbild) von Wörtern hin.

So, und nun viel Spaß und viel Erfolg
bei der Arbeit mit dem Grammatischen Beiheft.

Inhaltsverzeichnis

			Paragraph	Seite
Leçon 1	A	Das Adjektiv: Maskulinum und Femininum (Singular)	1	5
	B	Das Adjektiv: Plural	2	6
		être + Adjektiv	3	6
		Das Verb *voir*	4	7
	C	Die Stellung des Adjektivs	5	7
Leçon 2	A/B	Das *passé composé* mit *avoir*	6	8
		Die Verneinung des *passé composé*	7	9
		Das *passé composé* der Verben auf *-dre*	8	10
		Das *passé composé* mit *être*	9	10
		Die Veränderlichkeit des *participe passé* beim *passé composé* mit *être*	10	11
Leçon 3	A	Die Demonstrativbegleiter: *ce/cet/cette/ces*	11	13
	B	Die Verben *venir* und *tenir*	12	14
		il faut faire qc	13	15
Leçon 4	A	Die Verben auf *-ir*: *dormir/partir/sortir*	14	16
	B	Die Verneinung: *ne ... plus/ne ... rien/ ne ... jamais/ne ... personne*	15	17
	C	Die Objektpronomen *me/te/nous/vous*	16	19
		Die Stellung der Objektpronomen	17	20
Leçon 5	A	Die indirekten Objektpronomen *lui/leur*	18	22
		Das Fragewort *quel*	19	24
		Die Verneinung: *ne ... pas de*	20	25
	B	*avoir envie de faire qc/ avoir le temps de faire qc*	21	26
		Die Verneinung: *ne ... plus de*	22	27
Leçon 6	A	Die Verben *dire/lire/écrire*	23	28
		Die Inversionsfrage (2. Person Singular und Plural)	24	28
		Das Verb *connaître*	25	29
	B	Die indirekte Rede und die indirekte Frage	26	30
		Das Verb *savoir*	27	31
		Das Verb *devoir*	28	31

Inhaltsverzeichnis

			Paragraph	Seite
Leçon 7	**A**	Die Verben *commencer* und *manger*	29	32
		tout als indefiniter Begleiter	30	33
	B	Die Adjektive *beau/nouveau/vieux*	31	34
Leçon 8	**A**	Der Teilungsartikel	32	35
		il me faut qc	33	36
	B	Das Verb *boire*	34	36
		Das Verb *préférer*	35	37
		Wir geben Mengen an.	36	38
Leçon 9	**A**	Der Gebrauch von *en*	37	39
		Der Gebrauch von *y*	38	40
		Die Verben *payer* und *envoyer*	39	41
		Die Verben auf *-ir: finir/réfléchir*	40	42
Révisions		Regelmäßige und unregelmäßige Verben		43
Anhang		Verzeichnis der grammatischen Begriffe		45
		Stichwortverzeichnis		48

Leçon 1

A G1 Das Adjektiv: Maskulinum und Femininum (Singular)
L'adjectif: le masculin et le féminin (singulier)

Mit dem **Adjektiv** (Eigenschaftswort) kannst du **Eigenschaften** von Personen oder Gegenständen beschreiben.

Dans l'armoire, il y a ...

Maskulinum				Femininum			
un	**grand**	pull,	[grɑ̃pyl]	une	**grande**	jupe,	[grɑ̃:dʒyp]
un	**petit**	chemisier,	[pətiʃmizje]	une	**petite**	chemise,	[pətitʃəmiz]
un	**petit**	anorak,	[pətitanɔrak]	une	**petite**	écharpe.	[pətiteʃarp]

- Im Französischen richtet sich das Adjektiv im Genus (Maskulinum/Femininum) nach dem Nomen, auf das es sich bezieht.
- Im Schriftbild erhält das **Femininum** die Endung ***-e***, die an die männliche Form angehängt wird.
- Beim Femininum wird der Endkonsonant vor diesem ***-e*** gesprochen.

Auf folgende **Besonderheiten** musst du aufpassen:

1. Wenn es keinen Endkonsonanten gibt, werden die maskuline und die feminine Form gleich ausgesprochen:

   joli
   jolie > [ʒɔli]

2. Wenn ein Adjektiv schon in seiner Grundform auf *-e* endet, so sind Maskulinum und Femininum im Schrift- und Lautbild gleich:

   une **énorme** glace
   un **énorme** chien

3. Diese Adjektive haben **Sonderformen:**

m.			f.		
bon	[bõ]	–	**bonne**	[bɔn]	gut
gros	[gro]	–	**grosse**	[gros]	dick
cher	[ʃɛr]	–	**chère**	[ʃɛr]	lieb, teuer

Es ist sinnvoll, wenn du die Adjektive immer paarweise lernst (z. B. *petit – petite, bon – bonne*). So kannst du dir sie besser merken.

B G2 Das Adjektiv: Plural – *L'adjectif: le pluriel*

	Maskulinum				Femininum		
Dans le magasin, il y a …							
des	**grands**	pulls,	[grɑ̃pyl]	des	**grandes**	jupes,	[grɑ̃:dʒyp]
des	**petits**	chemisiers,	[pətiʃmizje]	des	**petites**	chemises,	[pətitʃəmiz]
des	**petits**	anoraks,	[pətizanɔrak]	des	**petites**	écharpes.	[pətitzeʃarp]

- Auch im Plural richtet sich das Adjektiv nach dem Nomen, auf das es sich bezieht.
- Der **Plural** der meisten Adjektive hat im Schriftbild die Endung ***-s***.
- Dieses Plural ***-s*** ist meistens nicht hörbar.

Übersicht: Schriftbild und Lautbild beim Adjektiv

	Endungen im Schriftbild: Maskulinum	Endungen im Schriftbild: Femininum	Das Lautbild: Maskulinum – Endkonsonant stumm:	Das Lautbild: Femininum – Endkonsonant meist gesprochen:
Singular	–	–e	petit → [pəti]	petit**e** → [pətit]
Plural	-s	-es	petit**s** → [pəti]	petit**es** → [pətit]

G3 être + Adjektiv – *être + l'adjectif*

un	joli (… hübsches …)	château.	Le	château	est	joli.	… ist hübsch.
une	jolie (… hübsche …)	ville.	La	ville	est	jolie.	… ist hübsch.
des	jolis (hübsche …)	châteaux.	Les	châteaux	sont	jolis.	… sind hübsch.
des	jolies (hübsche …)	villes.	Les	villes	sont	jolies.	… sind hübsch.

Adjektiv + **Nomen**

Nomen + ***être*** + **Adjektiv**

F/D

Anders als im Deutschen richtet sich das Adjektiv im Französischen in Geschlecht und Zahl immer nach dem Nomen, auf das es sich bezieht.

G 4 Das Verb ‚voir' – *Le verbe «voir»*

W In *Ensemble 1* hast du schon einige unregelmäßige Verben kennen gelernt: *aller, avoir, être, faire, mettre, ouvrir, pouvoir, prendre, vouloir.*

NEU ***Voir*** ist ein weiteres unregelmäßiges Verb.

	voir	[vwar]
	sehen	
je	**vois**	[vwa]
tu	vois	[vwa]
il/elle/on	voit	[vwa]
nous	voyons	[vwajõ]
vous	voyez	[vwaje]
ils/elles	voient	[vwa]

Imperativ: Voyons. Voyez.

Beachte den Unterschied zwischen *voir* und *regarder*:

Nathalie **voit** une amie dans la rue.

voir = sehen, erblicken

Vanessa **regarde** la télé.

regarder = bewusst (hin)sehen, sich etwas ansehen, betrachten

C

G 5 Die Stellung des Adjektivs – *La place de l'adjectif*

un	joli	chat	un	fantôme	sympathique
un	petit	hôtel	un	groupe	allemand
une	bonne	copine	une	montre	suisse
des	grands	chiens	des	copains	italiens
			des	copines	suédoises

Adjektiv + Nomen

Nomen + Adjektiv

Einige häufig gebrauchte, **kurze** Adjektive stehen **vor** dem Nomen.

Die **meisten**, vor allem die **mehrsilbigen** Adjektive stehen **nach** dem Nomen.

Einige Adjektive können je nach Bedeutung **vor oder nach** dem Nomen stehen. So kann z. B. *cher/chère* ‚lieb' oder ‚teuer' bedeuten:

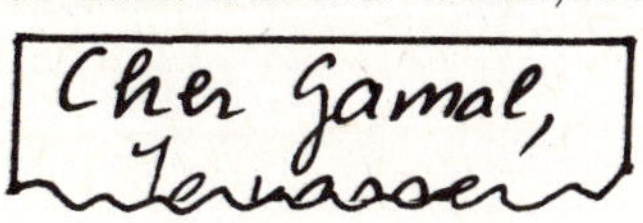

C'est une voiture **chère**.

Das ist ein teures Auto.

Leçon 2

A + B

G 6 Das ‚passé composé' mit ‚avoir' – *Le passé composé avec «avoir»*

W

Bisher kennst du zwei Zeitformen: das *présent* (Gegenwart) und das *futur composé* (‚zusammengesetzte Zukunft').

présent:	je	travaille
futur composé:	je vais	travailler

NEU

Handlungen, die in der **Vergangenheit** stattgefunden haben, kannst du im Französischen durch das ***passé composé*** ausdrücken.
Passé composé heißt wörtlich ‚zusammengesetzte Vergangenheit'.

1. Regelmäßige Verben

J'	**ai**	regard	**é**	la télé.
Tu	**as**	trouv	**é**	tes affaires?
Elle	**a**	écout	**é**	la radio.
Nous	**avons**	parl	**é**	des vacances.
Vous	**avez**	jou	**é**	au tennis?
Ils	**ont**	invit	**é**	des amis.

avoir + participe passé

- Das ***passé composé*** setzt sich zusammen aus einer **Präsensform** von ***avoir*** und dem ***participe passé*** (Partizip Perfekt) des Verbes.
- Die Verben auf ***-er*** bilden das ***participe passé*** auf ***-é***, gesprochen [e].

2. Unregelmäßige Verben

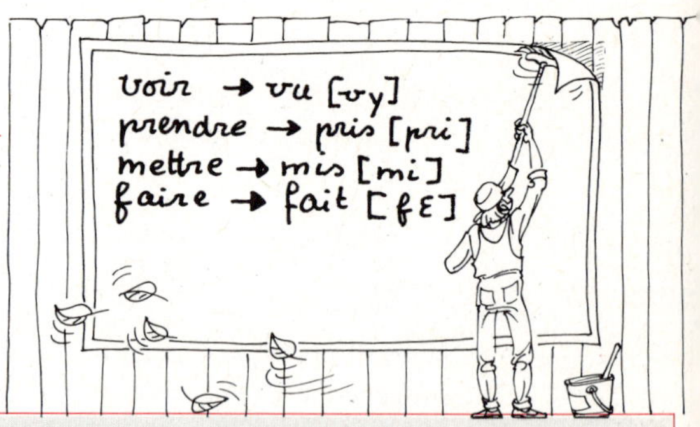

J'	ai	**vu**	un fantôme.
Tu	as	**pris**	des photos?
Elle	a	**mis**	un pull.
Nous	avons	**fait**	du VTT.

avoir + participe passé

Bei einigen unregelmäßigen Verben wird auch das *participe passé* unregelmäßig gebildet. Diese Formen musst du dir besonders einprägen.

Das Verb ***comprendre*** wird wie *prendre* konjugiert.
Deshalb heißt sein *participe passé* **compris**.

F/D

1. Im Deutschen entsprechen dem *passé composé* **zwei** Vergangenheitsformen:
   - in der Schriftsprache das Imperfekt: Ich **verstand.**
   - in der Umgangssprache das Perfekt: Ich **habe verstanden.**

   → **J'ai compris.**

2. Beachte die unterschiedliche Satzstellung:

   J' ai vu un film.

   Ich habe einen Film gesehen .

G 7 *Die Verneinung des 'passé composé'* – La négation du passé composé

J'ai écouté un compact.	Je **n'** ai **pas** écouté la radio.
Elle a regardé un magazine.	Elle **n'** a **pas** regardé la télé.

Bei der Verneinung des *passé composé* umschließen *ne … pas* die Form von *avoir*.
Das Partizip steht nach der Verneinung.

G 8 Das ‚passé composé' der Verben auf ‚-dre'
Le passé composé des verbes en «-dre»

In Band 1 von *Ensemble* hast du schon zwei Vertreter dieser Verbgruppe kennen gelernt: *répondre* und *attendre*.
Das ***participe passé*** dieser Verbgruppe hat eine eigene Endungsform.

répon**dre**	⟶	j'ai répond **u**	[repõdy]
atten**dre**	⟶	j'ai attend **u**	[atɑ̃dy]

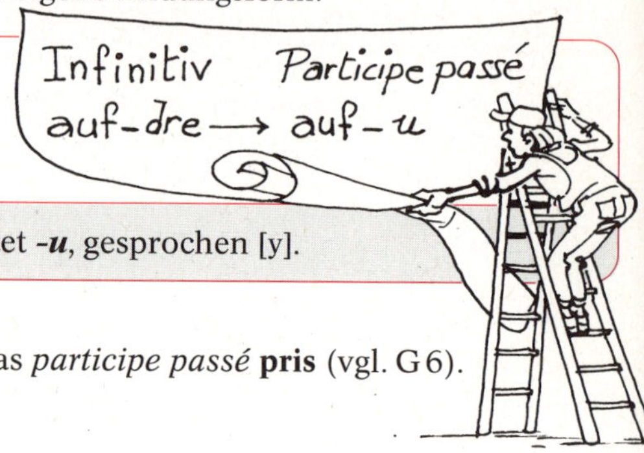

Das *participe passé* der Verben auf *-dre* lautet ***-u***, gesprochen [y].

Das unregelmäßige Verb ***prendre*** hat jedoch das *participe passé* **pris** (vgl. G 6).

G 9 Das ‚passé composé' mit ‚être' – Le passé composé avec «être»

W Du weißt aus G 6, dass das *passé composé* oft mit dem Hilfsverb ***avoir*** gebildet wird.

NEU Einige Verben bilden das *passé composé* jedoch mit dem Hilfsverb ***être***.

Mon père est arriv**é**.
Il est entr**é**.
Il est descend**u**.

être + participe passé

Verben der Bewegungsrichtung und des Verweilens wie *aller, arriver, entrer, rentrer, monter, rester, descendre* bilden das ***passé composé*** mit dem Hilfsverb ***être***.

G 10 Die Veränderlichkeit des ‚participe passé' beim ‚passé composé' mit ‚être'
L'accord du participe passé avec «être»

W In G 9 hast du das ***passé composé*** mit ***être*** bei männlichen Personen/Sachen im Singular kennen gelernt.

NEU Beim **Femininum** und im **Plural** gibt es jedoch einige Besonderheiten zu beachten.

Maskulinum		Femininum		
je suis	resté	je suis	resté **e**	**Singular**
tu es	resté	tu es	resté **e**	–
il est	resté	elle est	resté **e**	–e
vous êtes	resté	vous êtes	resté **e**	
nous sommes	resté **s**	nous sommes	resté **es**	**Plural**
vous êtes	resté **s**	vous êtes	resté **es**	-s
ils sont	resté **s**	elles sont	resté **es**	-es

- Ähnlich wie das Adjektiv (G 1–3) ist auch das *participe passé* mit *être* **veränderlich**. Es richtet sich in Genus (Geschlecht) und Numerus (Anzahl) nach dem Subjekt des Satzes.
- Diese **Angleichung** (frz.: *l'accord*) hat meistens keinen Einfluss auf die Aussprache des *participe passé*.

Im Plural musst du genau auf die Zusammensetzung der Gruppe achten:

Alain, Annick, Stéphanie et Myriam sont allé **s** à la boum de Sandrine.

Bezieht sich das *participe passé* auf Nomen von unterschiedlichem Genus, so richtet es sich nach dem Maskulinum. Befindet sich z. B. in einer Gruppe von weiblichen Personen auch nur **eine einzige männliche** Person, so folgt die Angleichung des *participe passé* den Regeln für männliche Personen.

Übersicht über die drei bisher gelernten Zeiten

Regelmäßige Verben:

passé composé	*présent*	*futur composé*
j' ai dansé	je danse	je vais danser
tu as dansé	tu danses	tu vas danser
il/elle/on a dansé	il/elle/on danse	il/elle/on va danser
nous avons dansé	nous dansons	nous allons danser
vous avez dansé	vous dansez	vous allez danser
ils/elles ont dansé	ils/elles dansent	ils/elles vont danser

Regelmäßige Verben der Bewegungsrichtung:

passé composé			*présent*	*futur composé*
je	suis	descendu(e)	je descends	je vais descendre
tu	es	descendu(e)	tu descends	tu vas descendre
il	est	descendu	il descend	il va descendre
elle	est	descendue	elle descend	elle va descendre
on	est	descendu	on descend	on va descendre
nous	sommes	descendu(e)s	nous descendons	nous allons descendre
vous	êtes	descendu(e)s	vous descendez	vous allez descendre
ils	sont	descendus	ils descendent	ils vont descendre
elles	sont	descendues	elles descendent	elles vont descendre

Leçon 3

A G 11 Die Demonstrativbegleiter: *ce/cet/cette/ces*
Les déterminants démonstratifs: ce/cet/cette/ces

W In *Ensemble 1* hast du die **Possessivbegleiter** *mon/ma/mes, ton/ta/tes* usw. kennen gelernt.

NEU Nun lernst du weitere Begleiter kennen: die **Demonstrativbegleiter**. Auch sie begleiten immer ein Nomen. Mit ihnen kannst du auf Personen oder Gegenstände hinweisen. Sie entsprechen den deutschen Wörtern ‚dieser/diese/dieses'.

	Maskulinum			Femininum		
	Regarde …			Ecoute …		
Singular	**ce**	vélo.	[səvelo]	**cette**	chanson.	[sɛtʃɑ̃sõ]
	cet	accident.	[sɛtaksidɑ̃]		information.	[sɛtɛ̃fɔrmasjõ]
		homme.	[sɛtɔm]		histoire.	[sɛtistwar]
Plural	**ces**	vélos.	[sevelo]	**ces**	chansons.	[seʃɑ̃sõ]
		accidents.	[sezaksidɑ̃]		informations.	[sezɛ̃fɔrmasjõ]
		hommes.	[sezɔm]		histoires.	[sezistwar]

- Ist das Nomen Singular, so musst du zwischen maskulin ***(ce)*** und feminin ***(cette)*** unterscheiden.
- Beginnt ein **männliches** Nomen mit einem Vokal oder stummen *h*, so wird ***ce*** zu ***cet*** [sɛt].
- Ist das Nomen Plural, so gibt es nur eine Form ***(ces)***.

Die Demonstrativbegleiter verwendet man auch in folgenden Ausdrücken:

ce matin – heute Morgen
cet après-midi – heute Nachmittag
ce soir – heute Abend

Achte auf den Unterschied zwischen ***ces*** (Demonstrativbegleiter) und ***ses*** (Possessivbegleiter):

[se] < **Ces** cassettes sont super. – ***Diese*** Kassetten …
Ses cassettes sont super. – ***Seine/Ihre*** Kassetten …

B G 12 Die Verben ‚venir' und ‚tenir' – *Les verbes «venir» et «tenir»*

Venir und ***tenir*** sind weitere unregelmäßige Verben.

venir	[vənir]	**tenir**	[tənir]
kommen		halten	
je **viens**	[vjɛ̃]	je **tiens**	[tjɛ̃]
tu vien**s**	[vjɛ̃]	tu tien**s**	[tjɛ̃]
il/elle/on vien**t**	[vjɛ̃]	il/elle/on tien**t**	[tjɛ̃]
nous v **e** nons	[vənõ]	nous t **e** nons	[tənõ]
vous v **e** nez	[vəne]	vous t **e** nez	[təne]
ils/elles **viennent**	[vjɛn]	ils/elles **tiennent**	[tjɛn]

Imperativ:

venir	tenir
Viens.	Tiens.
Venons.	Tenons.
Venez.	Tenez.

Achte auf die Aussprache: il/elle vient [vjɛ̃]
ils/elles viennent [vjɛn].

Passé composé:

Il	**est**	venu.	Il	**a**	tenu	la porte.
Elle	**est**	venu**e**.	Elle	**a**	tenu	le sac.
Elles	**sont**	venu**es**.	Elles	**ont**	tenu	la corde.

Das *passé composé* von ***venir*** wird mit ***être*** gebildet, weil es ein Verb der Bewegungsrichtung ist.
Das *passé composé* von ***tenir*** wird jedoch mit ***avoir*** gebildet.

G 13 *Il faut faire qc*

W In *Ensemble 1* hast du die Verben *aimer, pouvoir* und *vouloir* kennen gelernt und du hast erfahren, dass diese Verben wie im Deutschen einen **Infinitiv** bei sich haben können.

Muriel et Pierre	aiment		faire	du V.T.T.
Aujourd'hui, ils	veulent		partir	dans la montagne.
Régis va rester à la maison.				
Il ne	peut	pas	venir.	

NEU Nun lernst du den Ausdruck ***il faut*** + **Infinitiv** kennen.

Mme Deval parle à Julien:

«Julien, **il faut** télépho**ner** à grand-mère.» — Du musst …

Sophie dit à Florence et Daniel:

« **Il faut** prépar**er** nos affaires.» — Wir müssen …

Il ne **faut** pas roul**er** sur les trottoirs. — Man darf nicht …/Wir dürfen nicht …

Il ne **faut** pas achet**er** le VTT: on peut louer des vélos. — Man braucht/muss nicht …/ Wir brauchen/müssen nicht …

il faut + **Infinitiv**

- ***Il faut*** + **Infinitiv** ist ein unpersönlicher Ausdruck, der im Singular und Plural **unveränderlich** ist. Er kann sich auf weibliche und männliche Personen beziehen, auf Einzelpersonen und Gruppen.
- ***Il faut*** bedeutet ‚müssen'.
- ***Il ne faut pas*** kann zweierlei bedeuten:
  1. ‚nicht dürfen' und 2. ‚nicht müssen'/‚nicht brauchen'.

Leçon 4

A G 14 Die Verben auf ‚-ir': dormir/partir/sortir
Les verbes en «-ir»: dormir/partir/sortir

W Wie du weißt, lassen sich die Verben im Französischen in mehrere Gruppen einteilen. Bisher kennst du:

- Verben auf ***-er***: z. B. *entrer* (Bd. 1, G 14)
- Verben auf ***-dre***: z. B. *répondre* (Bd. 1, G 36)
- einige unregelmäßige Verben (z. B. *être, faire, ...*)

NEU Nun lernst du eine weitere Gruppe von regelmäßigen Verben kennen: Sie enden im Infinitiv auf ***-ir***.

	dormir	[dɔrmir]		**partir**	[partir]		**sortir**	[sɔrtir]
	schlafen			losgehen/abfahren			hinausgehen	
je	**dors**	[dɔr]	je	**pars**	[par]	je	**sors**	[sɔr]
tu	dors		tu	pars		tu	sors	
il/elle/on	dort		il/elle/on	part		il/elle/on	sort	
nous	dormons	[dɔrmõ]	nous	partons	[partõ]	nous	sortons	[sɔrtõ]
vous	dormez	[dɔrme]	vous	partez	[parte]	vous	sortez	[sɔrte]
ils/elles	dorment	[dɔrm]	ils/elles	partent	[part]	ils/elles	sortent	[sɔrt]

Imperativ:

Dors.	Pars.	Sors.
Dormons.	Partons.	Sortons.
Dormez.	Partez.	Sortez.

Passé composé:

il/elle **a** dorm**i**	il **est** part**i**	il **est** sort**i**
	elle **est** part**ie**	elle **est** sort**ie**

Futur composé:

je vais dormir	tu vas partir	elles vont sortir

Achte auf die Aussprache:

il	part	[par]	elle	sort	[sɔr]
ils	partent	[part]	elles	sortent	[sɔrt]

B G 15 Die Verneinung: ne … plus/ne … rien/ne … jamais/ne … personne
La négation avec «ne … plus/ne … rien/ne … jamais/ne … personne»

W Die Verneinung mit ***ne … pas*** ist dir aus Bd. 1, G 29 geläufig.

NEU Wie man eine Verneinung mit anderen Verneinungswörtern ausdrückt, sollst du nun erfahren.

1. Die Verneinung im *présent*

Tu as encore peur?	– Non, je	**n'**	ai	**plus**	peur.	Ich habe **keine** Angst mehr.
Tu achètes le journal aujourd'hui?	– Non, je	**n'**	achète	**jamais**	le journal.	Ich kaufe **nie** die Zeitung.
Tu manges quelque chose le matin?	– Non, je	**ne**	mange	**rien**	le matin.	Ich esse morgens **nichts**.
Tu attends quelqu'un?	– Non, je	**n'**	attends	**personne**.		Ich warte auf **niemanden**.

Die Verneinung mit ***ne … plus, ne … rien, ne … jamais*** und ***ne … personne*** wird genauso gebildet wie mit ***ne … pas***: Die Verneinungswörter umschließen das Verb. Vor Vokal oder stummen *h* wird ***ne*** zu ***n'*** verkürzt.

Das *ne* wird in der Umgangssprache oft nur [n] gesprochen oder ganz weggelassen.

Je **ne** mange **plus**. [ʒənmɑ̃ʒply] oder [ʒmɑ̃ʒply]

2. Die Verneinung im *passé composé*

W Aus G 7 kennst du schon die Verneinung mit *ne … pas* im *passé composé*.

	Vous avez eu peur?	– Non, nous	**n'**	avons	**pas**	eu peur.
NEU	Vous êtes déjà allés en France?	– Non, nous	**ne**	sommes	**jamais**	allés en France.
	Vous avez retrouvé l'adresse?	– Non, nous	**n'**	avons	**plus**	retrouvé l'adresse.
	Vous avez vu quelque chose?	– Non, nous	**n'**	avons	**rien**	vu.
	Vous avez rencontré quelqu'un?	– Non, nous	**n'**	avons rencontré	**personne**	.

- Beim ***passé composé*** umschließen die Verneinungswörter *ne … plus, ne … jamais* und *ne … rien* das konjugierte Hilfsverb (*avoir* oder *être*).
  Das *participe passé* steht nach der Verneinung.
- **Ausnahme: *ne … personne*** umschließt das konjugierte Hilfsverb und das *participe passé*.

Im ***futur composé*** stehen die Verneinungswörter ähnlich wie im *passé composé*:

Vous allez visiter quelque chose? – Non, nous **n'**allons **rien** visiter.
Vous allez rencontrer quelqu'un? – Non, nous **n'**allons rencontrer **personne**.

Übersicht über die Verneinungen

présent

ne / n' + Verb + pas / plus / rien / jamais / personne

passé composé

ne / n' + *avoir/ être* + pas / plus / rien / jamais + *participe passé*

ne / n' + *avoir/ être* + *participe passé* + personne

futur composé

ne / n' + *aller* + pas / plus / rien / jamais + Infinitif

ne / n' + *aller* + Infinitif + personne

C G 16 Die Objektpronomen ‚me/te/nous/vous'
Les pronoms objets «me/te/nous/vous»

W Aus Band 1 kennst du bereits die direkten Objektpronomen für die 3. Person ***le/la/les*** (Bd. 1, G 37).

NEU Im folgenden Abschnitt werden dir Objektpronomen für die übrigen Personen vorgestellt.

Tu	**me**	comprends?	Verstehst du **mich**?
Tu	**m'**	ouvres la porte?	Öffnest du **mir** die Tür?
Nous	**te**	répondons.	Wir antworten **dir**.
Je	**t'**	attends à 7 heures.	Ich erwarte **dich** um 7 Uhr.
Tu	**nous**	téléphones?	Rufst du **uns** an?
Je	**vous**	écoute, mes amis.	Ich höre **euch**, Freunde.
Je	**vous**	montre Paris, madame.	Ich zeige **Ihnen** Paris, Madame.
On	**vous**	accompagne, monsieur.	Wir begleiten **Sie**, Monsieur.

Das direkte Pronomen für die 1. Person Singular lautet ***me***,
für die 2. Person Singular ***te***,
für die 1. Person Plural ***nous***
und für die 2. Person Plural ***vous***.

Beachte die verschiedenen Bedeutungen:

me < mich / mir

te < dich / dir

Nous und *vous* können außerdem als Subjekt- oder Objektpronomen gebraucht werden:

nous < wir (Subjekt) / uns (Objekt)

vous < ihr (Subjekt) / Sie (Subjekt) / euch (Objekt) / Ihnen (Objekt) / Sie (Objekt)

G 17 Die Stellung der Objektpronomen – *La place des pronoms objets*

W Wie du aus Band 1, G 37 weißt, stehen die direkten Objektpronomen vor dem Verb.

Tes idées? Ah oui, je **les** comprends.

NEU Das Gleiche gilt für die Objektpronomen ***me/te/nous/vous***.
Allerdings musst du bei allen Personalpronomen die Stellung im *passé composé* und im *futur composé* besonders unterscheiden.

Présent:

Tu **me** présentes à tes parents?	– Non, je **ne** **te** présente **pas**.
Stellst du mich deinen Eltern vor?	– Nein, ich stelle dich nicht vor.

- Die Objektpronomen stehen **vor dem Verb**.
- *me* und *te* werden vor Vokal zu *m'* und *t'*.
- Bei der Verneinung umschließen die Verneinungswörter das Objektpronomen und das Verb.

Passé composé:

Tu **m'** as présenté à tes amis?	– Non, je **ne** **t'** ai **pas** présenté.
Hast du mich deinen Freunden vorgestellt?	– Nein, ich habe dich nicht vorgestellt.

- Beim ***passé composé*** stehen die Objektpronomen **vor dem konjugierten Hilfsverb** (*avoir* oder *être*).
- Bei der Verneinung umschließen die Verneinungswörter das Objektpronomen und das konjugierte Hilfsverb.

Futur composé:

Tu vas **me** présenter?	– Non, je **ne** vais **pas** **te** présenter.
Wirst du mich vorstellen?	– Nein, ich werde dich nicht vorstellen.

- Beim ***futur composé*** stehen die Objektpronomen **direkt vor dem Infinitiv.**
- Auch bei der Verneinung stehen die Objektpronomen direkt vor dem Infinitiv.

Diese Regel gilt auch für andere Verben, die einen Infinitiv bei sich haben (z. B. ***pouvoir*** + Infinitiv, ***aimer*** + Infinitiv, ***aller*** + Infinitiv):

Tu peux **me** présenter? – Non, je ne peux pas **te** présenter.

Übersicht: Stellung der Objektpronomen

présent:	**ne**	+	me te nous vous	+	Verb	**pas**				
passé composé:	**ne**	+	me te nous vous	+	*avoir* *être*	**pas**	+	*participe passé*		
futur composé:	**ne**	+	*aller*	+	**pas**	+	me te nous vous	+	Infinitif	

Beim ***passé composé*** stehen die Pronomen **vor dem Hilfsverb**.
Beim ***futur composé*** stehen die Pronomen **vor dem Infinitiv**.

Leçon 5

A G 18 Die indirekten Objektpronomen ‚lui/leur'
Les pronoms objets indirects «lui/leur»

W In *Ensemble* 1 hast du gelernt, was **direkte** und **indirekte Objekte** sind (G 26):

Nathalie montre	des photos	à Annick.
	direktes Objekt („wen oder was?")	indirektes Objekt („wem?")

Außerdem hast du erfahren, wie du das direkte Objekt durch ein **Pronomen** ersetzen kannst (G 37):

– Tu cherches	**le livre** de Sylvie?	– Oui, je	**le**	cherche.
– Tu attends	**Nathalie** ?	– Non, je ne	**l'**	attends pas.
– Tu invites	**tes copains** David et Régis?	– Oui, je	**les**	invite.
	direktes Objekt		direktes Objektpronomen	

NEU Ebenso wie das direkte Objekt kannst du auch das **indirekte Objekt** durch ein Pronomen ersetzen. Dieses Pronomen heißt **indirektes Objektpronomen**.

1. Formen

Emilie parle à Julia:

– Tu montres tes photos	**à Sandra?**	– Oui, je	**lui**	montre mes photos.
– Tu téléphones	**au prof?**	– Oui, je	**lui**	téléphone.
– Tu donnes une glace	**à tes amis?**	– Oui, je	**leur**	donne une glace.
– Tu apportes le journal	**à Valéry et Estelle?**	– Oui, je	**leur**	apporte le journal.
	indirektes Objekt		indirektes Objektpronomen	

Die indirekten Objektpronomen für die 3. Person heißen ***lui*** und ***leur***.
- ***Lui*** steht für ein **maskulines oder feminines** Nomen im **Singular** (‚ihm/ihr').
- ***Leur*** steht für ein **maskulines oder feminines** Nomen im **Plural** (‚ihnen').

2. Stellung

– Sandra, tu téléphones **à tes parents?**

– Non, je **ne** **leur** téléphone **pas**,
je **leur** achète une carte postale.

- Anders als im Deutschen stehen im Französischen die Objektpronomen **vor dem Verb**.
- Die Verneinungsformel ***ne … pas*** umschließt die Gruppe Objektpronomen + Verb.

Achte darauf, dass du die Pronomen und die Begleiter nicht verwechselst.

Das **indirekte Objektpronomen**

leur = ihnen

steht immer **vor** einem **Verb** und ist **unveränderlich**.

Die **Possessivbegleiter**

leur = ihr / ihre

leurs = ihre

stehen immer **vor** einem **Nomen** und richten sich in der Zahl nach diesem.

Ils **leur** racontent des histoires.

Elles n'aiment pas **leurs** histoires.

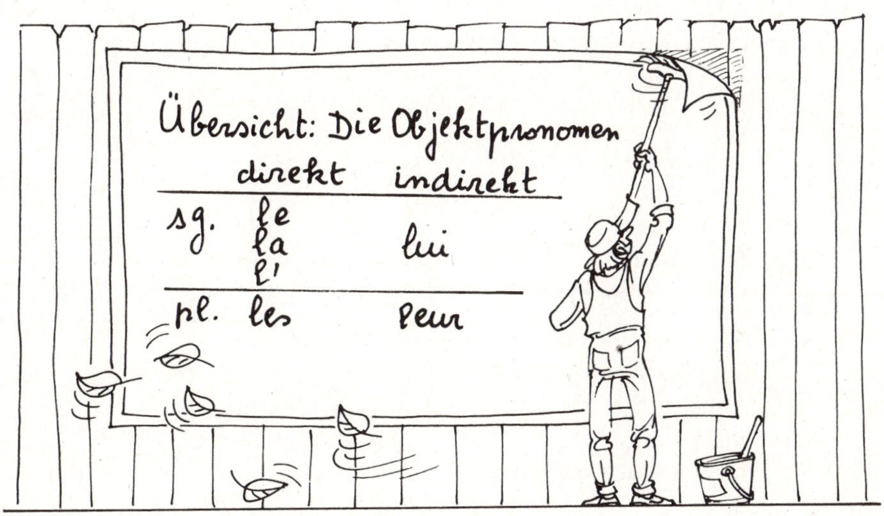

G 19 Das Fragewort ‚quel' – L'interrogatif «quel»

W Aus *Ensemble 1* kennst du bereits die Wendungen *Tu as quel âge?* (= Wie alt bist du?) und *Il est quelle heure?* (= Wie spät ist es?).

NEU Das Fragewort ***quel*** kann mit jedem Nomen verwendet werden.
Es bedeutet ‚welcher/welche/welches'.

1. *quel* + Nomen

Maskulinum			Femininum		
Quel	pull	est-ce que je prends?	**Quelle**	jupe	est-ce que je prends?
Quel	anorak		**Quelle**	écharpe	
Quels	fruit **s**		**Quelles**	tomate **s**	
Quels	artichaut **s**		**Quelles**	orange **s**	

Die **Schreibweise** von ***quel*** richtet sich in Geschlecht und Zahl nach dem Nomen, auf das es sich bezieht.
Alle vier Formen von ***quel*** haben die gleiche **Aussprache** [kɛl].
Vor Vokal und stummem *h* wird das *-s* von ***quels*** und ***quelles*** gebunden.

2. *quel* + *être* + Nomen

Quel est **le prix** de ce pull?

Quelle est **ta cassette**?

Quels sont **les prix** de ces jeans?

Quelles sont **tes cassettes** préférées?

- ***Quel*** kann auch mit ***être*** verwendet werden.
- Auch dann richtet es sich nach dem Beziehungswort (Nomen).

Folgende Tabelle soll dir helfen Zusammenhänge zu erkennen:

		Maskulinum	**Femininum**
Singular	**Artikel:**	le magasin l' appartement	la maison l' école)
	Adjektiv:	un grand magasin	une grande école
	Fragewort:	Quel magasin?	Quelle maison?
	Demonstrativbegleiter:	ce magasin cet appartement	cette maison cette école
Plural	**Artikel:**	les magasins	les maisons
	Adjektiv:	les grands magasins	les grandes maisons
	Fragewort:	Quels magasins?	Quelles maisons?
	Demonstrativbegleiter:	ces magasins	ces maisons

G 20 Die Verneinung: ne … pas de
La négation avec «ne … pas de»

W In *Ensemble 1* hast du die Verneinung mit *ne … pas* (G 29) und die Verwendung von *de* in Mengenangaben (G 24) kennen gelernt.

Je prends un kilo **de** tomates
et aussi une bouteille **de** coca.

NEU Den deutschen Wörtern ‚kein'/‚keine' entspricht im Französischen ***ne … pas de***.

Sandra n'a pas de chance.[1])

– Il y a **une** station de métro près d'ici?
– Non, mademoiselle, il **n'** y a **pas** **de** station près d'ici.

– Mais alors, est-ce qu'il y a **un** bus?
– Je regrette[2]), mademoiselle, il **n'** y a **pas** **de** bus.

– Pardon, monsieur, vous avez **des** citrons?
– Ah non, je **n'** ai **pas** **de** citrons.

– Alors, je prends **un** ananas et **une** orange, s'il vous plaît.
– Je regrette, mademoiselle, nous **n'** avons **pas** **d'** ananas et **pas** **d'** oranges.

- ***Ne … pas de*** (=‚kein/keine') ist eine Mengenangabe und bezeichnet die Menge „Null".
- Wie nach Mengenangaben, so steht auch zwischen ***ne … pas*** + Nomen häufig nur ***de***, also ohne Artikel.

Bei Verneinung:
un / une / des > ne … pas **de**

Allgemein kannst du dir merken: Die unbestimmten Artikel ***un, une, des*** werden in der Verneinung zu ***de*** oder ***d'***. Beachte jedoch folgende Ausnahmen:

– Voilà **une** cassette.
– Ecoute, ce n' est pas **une** cassette, c'est un CD.

être **+ unbest. Artikel**

– Tu aimes **le** rock?
– Non, je n' aime pas **le** rock.

aimer **+ best. Artikel**

- Trotz der Verneinung bleibt bei ***être*** der **unbestimmte Artikel** erhalten.
- Der **bestimmte Artikel** steht immer nach bejahtem und verneintem ***aimer***.

1) **Sandra n'a pas de chance.** [ʃɑ̃s] *Sandra hat kein Glück.*
2) **Je regrette.** [ʒərəgrɛt] *Es tut mir Leid.*

B G 21 *avoir envie de faire qc/avoir le temps de faire qc*

W Du hast bereits gelernt, dass einige Verben im Französischen einen **Infinitiv** bei sich haben können:

Tu	**veux**	téléphoner.	*vouloir* + Infinitiv
Il ne	**peut**	pas venir.	*pouvoir* + Infinitiv
J'	**aime**	jouer au tennis.	*aimer* + Infinitiv
Ce soir, elle	**va**	regarder le télé.	*aller* + Infinitiv = *futur composé*

NEU Im Französischen gibt es auch einige Verben oder Redewendungen, bei denen der Infinitiv durch die Präposition ***de*** angeschlossen wird.

– **J'ai envie de** jouer avec l'ordinateur.
– Et moi, **j'ai envie d'** aller au cinéma.

avoir envie de **+ Infinitiv**
(= Lust haben etwas zu tun)

– Mais non,
vous n'**avez** pas **le temps de** jouer avec l'ordinateur
et vous n'**avez** pas **le temps d'** aller au cinéma,
il faut faire les devoirs!

avoir le temps de **+ Infinitiv**
(= Zeit haben etwas zu tun)

- Vor Vokal wird *de* zu *d'* verkürzt.
- Bei der Verneinung umschließt die Verneinungsform *ne … pas* die konjugierte Verbform.

G 22 Die Verneinung: ne ... plus de
La négation avec «ne ... plus de»

W In G 20 hast du die Verneinung ***ne ... pas de*** kennen gelernt.

NEU Dem deutschen Ausdruck ‚nicht/kein(e) mehr' entspricht im Französischen ***ne ... plus de.***

Qu'est-ce qu'on mange ce soir?

– Voilà le magasin de Mme Godard.
Elle a encore des pommes de terre, mais elle n' a plus de carottes.

– Alors, on va chez M. Le Breton.
Il a encore des champignons, mais il n' a plus d' asperges.

– Vous avez encore un artichaut?
– Non, je regrette, je n' ai plus d' artichauts.

– Tu achètes une poire, s'il te plaît.
– Mais tu vois bien, M. Le Breton n' a plus de poires.

Es gelten hier die gleichen Regeln wie bei ***ne ... pas de***:
- Zwischen der Mengenangabe ***ne ... plus*** + Nomen steht ***de***, ohne Artikel.
- Die unbestimmten Artikel ***un, une, des*** werden in der Verneinung zu ***de*** oder ***d'***.

Bei Verneinung:
un / une / des ⟩ ne ... plus **de**

F/D Beachte die unterschiedliche Satzstellung:

Je	**n'** ai		**plus**	**d'**argent.	
Ich	habe		**kein**	Geld	**mehr**.

Leçon 6

A G 23 Die Verben 'dire/lire/écrire' – *Les verbes «dire/lire/écrire»*

dire [dir] sagen		**lire** [lir] lesen		**écrire** [ekrir] schreiben	
je **dis**	[di]	je **lis**	[li]	j' **écris**	[ekri]
tu dis	[di]	tu lis	[li]	tu écris	[ekri]
il/elle/on dit	[di]	il/elle/on lit	[li]	il/elle/on écrit	[ekri]
nous disons	[dizõ]	nous lisons	[lizõ]	nous écrivons	[ecrivõ]
vous **dites**	[dit]	vous lisez	[lize]	vous écrivez	[ekrive]
ils/elles disent	[diz]	ils/elles lisent	[liz]	ils/elles écrivent	[ekriv]

Imperativ:

Dis / Disons / Dites bonjour.	Lis / Lisons / Lisez tout.	Ecris / Ecrivons / Ecrivez vite.

Passé composé:

j'ai **dit**	[di]	j'ai **lu**	[ly]	j'ai **écrit**	[ekri]

Futur composé:

je vais dire	elle va lire	nous allons écrire

G 24 Die Inversionsfrage (2. Person Singular und Plural)
L'interrogation par inversion

W Vier Arten von **Frageformen** kennst du schon aus Band 1:

- Die Intonationsfrage (G 3): Tu prends la voiture? ↗
- Die Frage mit *est-ce que* (G 13): **Est-ce** que tu prends la voiture?
- Die Was-Frage (G 17): **Qu'est-ce que** tu prends?
- Kurzfragen (G 2, G 17): Qui est-ce? Que fait Muriel?

NEU Im folgenden Abschnitt lernst du eine weitere Form der Frage kennen: die sogenannte **Inversionsfrage**. „Inversion" bedeutet Umstellung oder Vertausch.

1. Fragesätze ohne Fragewort:

Prends – tu	la voiture?
Allez – vous	en ville?
Voulez – vous	prendre le train?

Verb – Subjekt

- Bei der Inversionsfrage steht das **Subjekt**(pronomen) **nach dem Verb**. Die normale Satzstellung wird also umgestellt.
- Zwischen Verb und Subjekt wird ein **Bindestrich** eingefügt.

2. Fragesätze mit Fragewort (Ergänzungsfragen):

Combien de tickets	**achètes – tu?**	
Où	**vas – tu?**	
Quand	**veux – tu**	partir demain matin?
Comment	**vas – tu?**	(= Wie geht es dir?)

Fragewörter stehen in Inversionsfragen **vor dem Verb**.

F/D

Die Inversionsfrage ist der Frage im Deutschen sehr ähnlich.

Combien de jours **pouvez-vous** rester ici?
Wieviel Tage **können Sie** hier bleiben?

G 25 *Das Verb ‚connaître' – Le verbe «connaître»*

connaître	[kɔnɛtr]
kennen	
je **connais**	[kɔnɛ]
tu connais	[kɔnɛ]
il/elle/on conna **î** t	[kɔnɛ]
nous connaissons	[kɔnɛsõ]
vous connaissez	[kɔnɛse]
ils/elles connaissent	[kɔnɛs]

Passé composé:

j'ai **connu**	[kɔny]

Futur composé:

je vais connaître

* **la vitesse** [lavitɛs] = *Geschwindigkeit*

B G 26 Die indirekte Rede und die indirekte Frage – *Le discours indirect*

Mit der indirekten Rede kannst du Äußerungen von anderen Personen wiedergeben. Man nennt sie deshalb auch „berichtende“ Rede.

1. Aussagesatz

Sylvie dit qu' **elle** aime les vacances.
Sylvie écrit qu' **elle** passe **ses** vacances à la campagne.

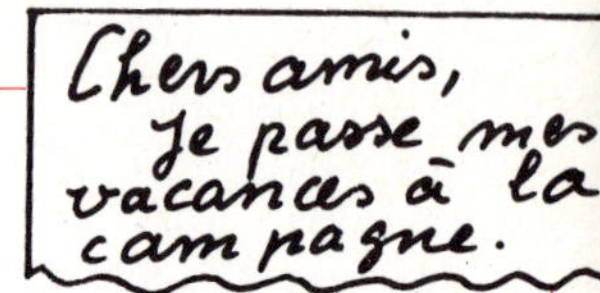

- Die indirekte Rede im Aussagesatz wird mit folgenden Verben eingeleitet:

dire	**que**	= sagen,	dass
raconter	**que**	= erzählen,	dass
expliquer	**que**	= erklären,	dass
écrire	**que**	= schreiben,	dass
répondre	**que**	= antworten,	dass

- Vor Vokalen und stummem *h* wird *que* zu *qu'* verkürzt.
- Zwischen Verb und *que* steht im Französischen **kein Komma.**
- Es muss in der indirekten Rede sorgfältig zwischen Sprecher, Gesprächspartner und dritten Personen unterschieden werden. **Pronomen und Verbformen** müssen stets **angepasst** werden.

2. Fragesatz

«Vous aimez la cuisine française?»
Le reporter* demande si **elle aime** la cuisine française.

«Parlez-vous français?»
Il leur demande si **elles parlent** français.

«Tu as déjà pris des photos?»
Il veut savoir s' **il a** déjà pris des photos.

«Allez-vous partir bientôt?»
Il leur demande s' **ils vont** partir bientôt.

- Die indirekte Frage wird mit folgenden Verben eingeleitet:

demander si	= fragen, ob
vouloir savoir si	= wissen wollen, ob

- Vor *il* und *ils* wird ***si*** zu ***s'*** verkürzt (jedoch **nicht** vor *elle* und *elles*).
- Wie bei der indirekten Rede im Aussagesatz steht zwischen dem Frageverb und ***si*** **kein Komma.**
- Auch bei der indirekten Frage muss sorgfältig auf die **Anpassung der Pronomen und Verbformen** geachtet werden.

* **le reporter** [lərəpɔrtɛr] *Reporter*

G 27 Das Verb ‚savoir' – *Le verbe «savoir»*

savoir	[savwar]
wissen/können	
je **sais**	[sɛ]
tu sais	
il/elle/on sait	
nous sav**ons**	[savõ]
vous sav**ez**	[save]
ils/elles sav**ent**	[sav]
Passé composé:	
j'ai **su**	[sy]
Futur composé:	
je vais savoir	

Ähnlich wie *aimer, pouvoir* und *vouloir* hat auch das Verb ***savoir*** oft einen Infinitiv bei sich.
Beachte den Bedeutungsunterschied:

Du **weißt** nichts!

Ich **kann** kochen.

F/D Dem deutschen Verb ‚können' entsprechen im Französischen zwei verschiedene Verben:

savoir faire = die Fähigkeit besitzen (weil man es gelernt hat)
pouvoir faire = (im Augenblick) etwas können, in der Lage sein

– Tu **sais** grimper?
– Oui, j'ai appris dans un club.

– Tu **peux** grimper aujourd'hui?
– Non, je n'ai pas de corde.

G 28 Das Verb ‚devoir' – *Le verbe «devoir»*

devoir	[dəvwar]
müssen	
je **dois**	[dwa]
tu dois	
il/elle/on doit	
nous dev**ons**	[dəvõ]
vous dev**ez**	[dəve]
ils/elles doiv**ent**	[dwav]
Passé composé:	
j'ai **dû**	[dy]
Futur composé:	
je vais devoir	

Auch ***devoir*** hat meist einen Infinitiv bei sich:

Leçon 7

A G 29 Die Verben ‚commencer' und ‚manger'

Les verbes «commencer» et «manger»

W Dir sind bereits viele Verben auf ***-er*** vertraut: *regard**er**, écout**er**, entr**er**, …*

NEU Nun lernst du zwei Verben kennen, die zwar wie die Verben auf ***-er*** konjugiert werden, dabei aber je eine **Besonderheit** aufweisen.

commencer [kɔmɑ̃se] anfangen		**manger** [mɑ̃ʒe] essen	
je **commence**	[kɔmɑ̃s]	je **mange**	[mɑ̃ʒ]
tu commenc**es**	[kɔmɑ̃s]	tu mang**es**	[mɑ̃ʒ]
il/elle/on commenc**e**	[kɔmɑ̃s]	il/elle/on mang**e**	[mɑ̃ʒ]
nous commen**ç**ons	[kɔmɑ̃sɔ̃]	nous man**ge**ons	[mɑ̃ʒɔ̃]
vous commenc**ez**	[kɔmɑ̃se]	vous mang**ez**	[mɑ̃ʒe]
ils/elles commenc**ent**	[kɔmɑ̃s]	ils/elles mang**ent**	[mɑ̃ʒ]

Imperativ:

Commence / Commen **ç ons** / Commenc**ez** à manger.

Mange / **Man ge ons** / Mang**ez** tout.

Passé composé:

j'ai commenc**é** — j'ai mang**é**

Futur composé:

je vais commencer — je vais manger

Achte auf die besondere **Schreibung** in der 1. Person Plural.
Sie ist nötig, damit die Aussprache jeweils so bleibt wie beim Infinitiv:

commencer:	**nous commen[ç]ons**	(Die Schreibweise **ç** zeigt an, dass das *c* = [s] ausgesprochen wird.)
manger:	**nous man[ge]ons**	(Das ***e*** wird eingeschoben, damit die Aussprache *g* = [ʒ] erhalten bleibt.)

Das Verb ***protéger*** (= schützen) weist die gleiche Besonderheit auf:

G 30 'tout' als indefiniter Begleiter – *Le déterminant indéfini «tout»*

W Du kennst bereits folgende **Begleiter** des Nomens:

die Artikel:	*le/la/l'/les/un/une/des*	(Bd. 1, G 8 und G 10)
die Possessivbegleiter:	*mon/ma/mes/ton/...*	(Bd. 1, G 19 und G 22)
die Demonstrativbegleiter:	*ce/cet/cette/ces*	(Bd. 2, G 11)

Du hast außerdem gelernt, dass sich diese Begleiter nach den zugehörigen Nomen richten:

un / le / ce / mon → vélo
une / la / cette / ma → voiture
des / les / ces / mes → vélos / voitures

NEU Nun lernst du ***tout*** als Begleiter kennen.

m.	*f.*
M. Girard cherche son porte-monnaie. Il a déjà regardé dans ...	
[tu]	[tut]
tout l' appartement,	**toute** la voiture,
tous les sacs,	**toutes** les pièces*.

Bei ***tout*** als Begleiter musst du fünf Dinge beachten:

1. die **Bedeutung:** Der Ausdruck ***tout*** **+ bestimmter Artikel** hat im Deutschen zwei Übersetzungen:
   im Singular → *tout le/toute la* = der/die/das ganze
   im Plural → *tous les/toutes les* = alle
2. die **Angleichung:** ***tout*** ist **veränderlich** und richtet sich wie die übrigen Begleiter nach dem zugehörigen Nomen, z. B.
   la voiture (Femininum) → ***toute*** *la voiture*
   les voitures (Plural) → ***toutes*** *les voitures*
3. die **Stellung:** ***tout*** steht immer **vor** dem Artikel.
   Es darf nicht, wie im Deutschen, unmittelbar vor dem Nomen stehen, z. B.
   tout le livre = das ganze Buch
4. die **Aussprache:** In der Aussprache hört man keinen Unterschied zwischen *tout – tous* = [tu] und *toute – toutes* = [tut].
   Beim **Schreiben** musst du daher darauf achten, ob das nachfolgende Nomen im Singular oder Plural steht, z. B. *tout le livre/tous les livres.*
   [tu lə] [tu le]
5. die **Anschlussmöglichkeiten:** Anstelle des Artikels *le/la/les* können auch die **Possessivbegleiter** *mon/ma/...* oder die **Demonstrativbegleiter** *ce/cette/...* stehen, z. B. *tous* ***mes*** *amis; toute* ***cette*** *ville.*

* **piece** = *(hier:) Zimmer*

B G 31 Die Adjektive ‚beau/nouveau/vieux'
Les adjectifs «beau/nouveau/vieux»

W In G 1–3 hast du gelernt, dass sich das Adjektiv im Französischen in Geschlecht (Maskulinum/Femininum) und Zahl (Singular/Plural) immer nach dem Nomen richtet, auf das es sich bezieht.

Vanessa achète **un** *grand* **sandwich** et **une** *grande* **bouteille** de coca.

NEU Nun lernst du die Adjektive ***beau*** (schön), ***vieux*** (alt) und ***nouveau*** (neu) kennen.

Il travaille dans ...	Elle achète ...	Elle cherche ...
un **beau** quartier	un **nouveau** pantalon	un **vieux** vélo
un **bel** hôtel	un **nouvel** anorak	un **vieil** ordinateur
[bɛlɔtɛl]	[nuvɛlanɔrak]	[vjɛjɔrdinatœr]
une **belle** ville	une **nouvelle** jupe	une **vieille** voiture
une **belle** usine	une **nouvelle** écharpe	une **vieille** école
des **beaux** quartiers	des **nouveaux** pantalons	des **vieux** vélos
des **beaux** hôtels	des **nouveaux** anoraks	des **vieux** ordinateurs
[bozɔtɛl]	[nuvozanɔrak]	[vjøzɔrdinatœr]
des **belles** villes	des **nouvelles** jupes	des **vieilles** voitures
des **belles** usines	des **nouvelles** écharpes	des **vieilles** écoles
[bɛlzyzin]	[nuvɛlzeʃarp]	[vjɛjzekɔl]

- ***Beau, nouveau*** und ***vieux*** haben **im Maskulinum Singular zwei Formen**, je nachdem, ob das **nachfolgende Nomen** mit einem Konsonanten oder mit einem Vokal (bzw. stummem *h*) beginnt:

beau / ***nouveau*** / ***vieux*** } vor maskulinem Nomen im Singular, das mit **Konsonant** beginnt

bel / ***nouvel*** / ***vieil*** } vor maskulinem Nomen im Singular, das mit **Vokal** oder stummem *h* beginnt.

Ähnliches ist dir schon bei den Demonstrativbegleitern (G 11) begegnet:

ce ... → Mask. Sg. vor Konsonant   *cet* ... → Mask. Sg. vor Vokal/stummem *h*

- Im **Femininum** ist diese Unterscheidung nicht erforderlich und es gibt daher **nur eine Singularform:**

une belle < *ville* / *usine*

Unterscheide:

C'est un **bel** hôtel. (Adj. + Nomen) ⟷ L'hôtel est **beau**. (Nomen + *être* + Adj.)

Leçon 8

A G 32 Der Teilungsartikel – *L'article partitif*

W In Band 1 (G 38) hast du den Gebrauch des bestimmten Artikels *(la, le, les)* mit der Präposition *de* und die Verschmelzung bestimmter Formen kennen gelernt:

Hélène parle
- **de la** vidéo sur Paris.
- **de l'** école en France.
- **du** TGV.
- **des** touristes à Paris.

~~de + le~~ → **du**
~~de + les~~ → **des**

Außerdem weißt du, dass es im Französischen (anders als im Deutschen) einen **unbestimmten Artikel im Plural** gibt:

Julien achète **des** pommes.
Julien kauft Äpfel.

NEU Im folgenden Abschnitt stellen wir dir den sogenannten **Teilungsartikel** vor.

Julien a très faim. Il veut préparer quelque chose à manger.

Verb	Teilungsartikel	Nomen	Verb		Nomen
Il cherche	**du**	beurre,	Er sucht		Butter,
	de la	confiture,			Marmelade,
	de l'	eau.			Wasser.

Der Teilungsartikel begleitet Nomen, die unbestimmte Mengen **nicht zählbarer** Dinge bezeichnen.

F/D Den **Teilungsartikel** *(l'article partitif)* kennt nur das Französische. Er gibt einen **Teil vom Ganzen** an:

Il boit **du** jus d'orange.
Er trinkt (einen Teil der vorhandenen Menge) Orangensaft.

Nach ***avec*** steht **immer** der Teilungsartikel, wohingegen nach ***sans*** direkt das Nomen folgt (also ohne Teilungsartikel, wie im Deutschen):

Julien prend son thé **avec** **du** citron, mais **sans** lait.
Julien trinkt seinen Tee **mit** Zitrone, aber **ohne** Milch.

G 33 *il me faut qc*

W In G 13 begegnete dir die Wendung ***il faut faire qc:***

Pour partir en vacances, il faut < avoir de l'argent. … braucht man Geld.
préparer ses affaires. … muss man sich vorbereiten.

NEU Dieser unpersönliche Ausdruck (‚man') lässt sich auf weitere Personen anwenden.

– Pour tes vacances, qu'est-ce qu'	**il te faut**	encore?
– Alors,	**il me faut**	encore un billet de train.
Ah! Et	**il me faut**	de l'argent.

Was brauchst du noch …?
Ich brauche noch …

Das *il* in dieser Verbindung *il* < *me* / *te* > *faut* bleibt im Deutschen unübersetzt.

B G 34 Das Verb ‚boire' – *Le verbe «boire»*

Boire ist ein weiteres unregelmäßiges Verb.

boire	[bwar]
trinken	
je **bois**	[bwa]
tu bois	[bwa]
il/elle/on boit	[bwa]
nous **buv**ons	[byvõ]
vous **buv**ez	[byve]
ils/elles **boiv**ent	[bwav]

Passé composé:
tu as **bu**

Futur composé:
elle va boire

Imperativ:

Bois / Buvons / Buvez > du lait.

G 35 Das Verb ‚préférer' – *Le verbe «préférer»*

Préférer gehört zu den Verben auf ***-er*** mit Besonderheiten.
Hier unterscheidet man **stammbetonte** und **endungsbetonte** Formen.

préférer [prefere]

vorziehen/lieber haben

je préf**è**re	[prefɛr]
tu préf**è**res	[prefɛr]
il/elle/on préf**è**re	[prefɛr]
nous préf**é**rons	[preferõ]
vous préf**é**rez	[prefere]
ils/elles préf**è**rent	[prefɛr]

Passé composé:
elles ont préf**é**ré

Futur composé:
je vais préférer

- Ist der Verb**stamm** betont, wird aus dem *é* ein **è** [ɛ].
- Ist die Verb**endung** betont, bleibt das ***é*** [e] wie im Infinitiv *(préférons, préférez, préféré)*.

Wie bei *aimer* kann bei *préférer* ein **Nomen** oder ein **Infinitiv** angeschlossen werden.
Folgt ein Nomen, darfst du den **bestimmten Artikel** nicht vergessen!

– J'aime **le** foot.
– Je préfère **la** gymnastique.

– Ich mag Fußball.
– Ich ziehe Gymnastik vor.

– Moi, j'aime **faire** du VTT.
– Et moi, je préfère **faire** du canoë.

– Ich fahre gern Mountainbike.
– Und ich, ich fahre lieber Kanu.

G 36 *Wir geben Mengen an. – Nous indiquons des quantités.*

W Aus Band 1, G 24 ist dir bereits vertraut:

Combien (d') argent as-tu encore? – J'ai encore **deux pièces** (de) un Franc.
Wie viel Geld hast du noch? – Ich habe noch zwei Ein-Franc-Münzen.

NEU Nun lernst du weitere Mengenangaben kennen.

– Tu as	**assez** … genügend …	(d')	argent?
– J'ai pris	**beaucoup** … viel …	(de)	Lires,
mais j'ai	**très peu** … sehr wenig …	(de)	DM.
– Et moi, j'ai	**trop** … zu viel …	(de)	Francs.

Mengenadverb + | **de / d'** | **+ Nomen**

Im Französischen steht zwischen diesen Mengenangaben und den folgenden Nomen ***de (d')***. Dieses ***de*** hat im Deutschen keine Entsprechung.

Zusammenfassung: Wir geben Mengen an

Zählbare Dinge	Je	prends		trois	pêches. … drei Pfirsiche.	• bestimmte Menge
	Je	prends		des	pêches. … Pfirsiche.	• unbest. Menge: ***des*** → im Dt. **kein** Artikel
	Je	prends	un kilo	(de)	pêches. … ein Kilo Pfirsiche.	• Mengenangaben: mit ***de***, ohne Artikel
	Je	prends	beaucoup	(de)	pêches. … viele Pfirsiche.	
	Je ne	prends pas		(de)	pêches. … keine Pfirsiche.	
Nicht zählbare Dinge	Je	prends		du	coca.	• Teilungsartikel: du / de la / de l' → im Dt. **kein** Artikel
	Je	prends		de la	limonade.	
	Je	prends		de l'	eau.	

Leçon 9

A G 37 Der Gebrauch von ‚en'

W Das kleine Wort ***en*** ist dir schon bei mehreren Ausdrücken begegnet:

en français – auf Französisch
en France – in/nach Frankreich
en ville – in die/der Stadt
en hiver – im Winter.

NEU Nun lernst du ***en*** in einer weiteren Bedeutung kennen. Wörtlich kannst du es in diesen Fällen mit ‚davon' übersetzen, meistens tauchen aber in der Übersetzung die Wörter ‚welche(s)', ‚etwas' oder ‚kein(e)' auf, oder es bleibt einfach unübersetzt.

– Qu'est-ce que tu achètes?
Tu achètes …

des fruits?
de la salade?
du sucre?
de l' eau?

– Oui, j' **en** achète.

– Tu prends aussi **du** café?

– Ah non, je n' **en** prends pas .

- ***en*** kann den **unbestimmten Artikel Plural *(des)* + Nomen** ersetzen.
- ***en*** kann auch den **Teilungsartikel *(du/de la/de l')* + Nomen** ersetzen.
- ***en*** steht, wie die Objektpronomen, unmittelbar **vor** der konjugierten **Verbform** bzw. vor dem Infinitiv.
- Bei der Verneinung wird ***en*** zusammen mit dem Verb von *ne … pas/ne … plus* umschlossen.

– Tu veux des bananes?
– Oui, j' **en** veux **trois**.
… drei (davon).

– Tu achètes **trois** pêches?
– Non, j' **en** prends seulement **deux**.
… nur zwei (davon).

en kann auch ein **Zahlwort + Nomen** ersetzen. In diesem Fall muss das Zahlwort wieder aufgegriffen werden oder durch eine andere Mengenangabe ersetzt werden.

G 38 Der Gebrauch von ‚y'

W Das Wörtchen ***y*** ist dir bereits in den Ausdrücken *il y a* (es gibt/es ist/es sind) und *Ça y est!* (Das hätten wir!/Geschafft!) begegnet.

NEU Nun lernst du ***y*** in der Bedeutung „dort" oder „dorthin" kennen.
y drückt hier einen Standort oder eine Richtung aus.

– **Où** est-ce que vous allez?
Vous allez …

en France?
sur un bateau?
au restaurant?
à la plage?
dans un magasin?
chez des amis?

– Oui, on **y** va.

– Non, moi, je n' **y** vais pas .

- ***y*** kann die **Ortsbestimmungen** mit den Präpositionen *à, en, dans, sur, chez* ersetzen. (Frage: ‚Wo?' oder ‚Wohin?')
- ***y*** steht unmittelbar **vor** der konjugierten **Verbform** bzw. vor dem Infinitiv, d. h. an derselben Stelle wie die Objektpronomen und wie *en* (vgl. G 37).
- Bei der Verneinung wird ***y*** zusammen mit dem Verb von *ne … pas/ne … plus* umschlossen.

Allgemein kannst du dir merken, dass ***en*** und ***y*** genauso gebraucht werden wie die Objektpronomen (vgl. die Übersicht auf S. 21):
Sie stehen vor dem konjugierten (Hilfs-)Verb oder vor dem Infinitiv.

passé composé:

Tu es déjà allé **à l'épicerie**?

Oui, j' **y** suis déjà allé.

Tu as acheté **du pain**?

Non, je n' **en** ai pas acheté.

futur composé:

Tu vas aller **au supermarché**?

Oui, je vais **y** aller.

Tu vas prendre **de la bière**?

Non, je ne vais pas **en** prendre.

G 39 Die Verben ‚payer' und ‚envoyer' – *Les verbes «payer» et «envoyer»*

W In G 29 und G 35 hast du Verben kennen gelernt, die zwar wie Verben auf ***-er*** konjugiert werden, aber jeweils Besonderheiten in der Aussprache und/oder der Schreibung aufweisen.

NEU Mit den Verben ***payer*** und ***envoyer*** lernst du zwei weitere Verben auf *-er* mit **Besonderheiten** kennen.
Bei beiden Verben unterscheidet man wieder **stammbetonte** und **endungsbetonte** Formen.

payer	[peje]	**envoyer**	[ɑ̃vwaje]
bezahlen		schicken	
je **paie**	[pɛ]	j' **envoie**	[ɑ̃vwa]
tu pai**es**	[pɛ]	tu envoi**es**	[ɑ̃vwa]
il/elle/on pai**e**	[pɛ]	il/elle/on envoi**e**	[ɑ̃vwa]
nous pa**y**ons	[pejɔ̃]	nous envo**y**ons	[ɑ̃vwajɔ̃]
vous pa**y**ez	[peje]	vous envo**y**ez	[ɑ̃vwaje]
ils/elles pai**ent**	[pɛ]	ils/elles envoi**ent**	[ɑ̃vwa]

Imperativ:

Paie / Pa**y**ons / Pa**y**ez à la caisse.

Envoie / Envo**y**ons / Envo**y**ez ce paquet à tante Yvonne.

Passé composé:

j'ai pa**y**é — j'ai envo**y**é

Futur composé:

je vais payer — ils vont envoyer

- Ist der **Verbstamm** betont, wird aus dem *y* ein ***i***.
- Ist die **Verbendung** betont, bleibt das ***y*** wie im Infinitiv *(payons/payez/payé)*.

G 40 Die Verben auf ‚-ir': finir/réfléchir – *Les verbes en «-ir»: finir/réfléchir*

W In G 14 sind dir drei Verben auf ***-ir*** vorgestellt worden: *dormir, partir, sortir.*

NEU Nun lernst du zwei Verben auf ***-ir*** kennen, die eine **Stammerweiterung** aufweisen.

finir	[finir]	**réfléchir**	[refleʃir]
beenden		nachdenken	
je fini**s**	[fini]	je réfléchi**s**	[refleʃi]
tu fini**s**		tu réfléchi**s**	
il/elle/on fini**t**		il/elle/on réfléchi**t**	
nous fini**ssons**	[finisõ]	nous réfléchi**ssons**	[refleʃisõ]
vous fini**ssez**	[finise]	vous réfléchi**ssez**	[refleʃise]
ils/elles fini**ssent**	[finis]	ils/elles réfléchi**ssent**	[refleʃis]

Imperativ:

Fini**s** / Fini**ssons** / Fini**ssez** ce travail.

Réfléchi**s** / Réfléchi**ssons** / Réfléchi**ssez** un peu.

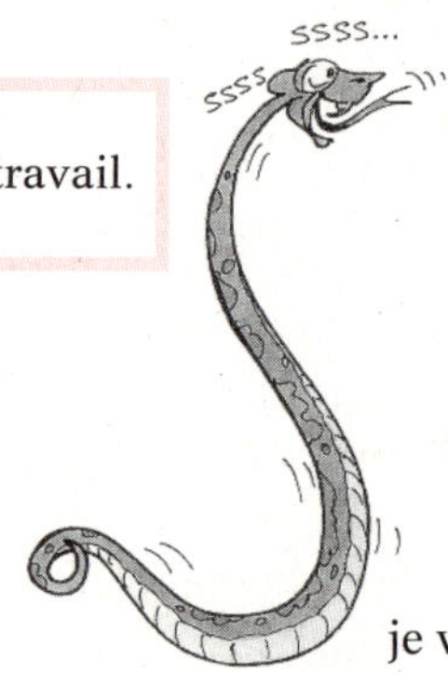

Passé composé:

j'ai fin**i**

j'ai réfléch**i**

Futur composé:

elle va finir

je vais réfléchir

- Im **Singular** endet der Stamm auf ***-i***: *je fini- s* (Stamm Endung)
- Im **Plural** wird der Stamm durch *-ss* erweitert und endet daher auf ***-iss***: *nous finiss- ons* (Stamm Endung)

Regelmäßige und unregelmäßige Verben

1. Die Verben auf ‚-*er*'

			Imperativ:	Passé composé:
parler (sprechen)	je parle tu parles il parle	nous parlons vous parlez ils parlent	Parle. Parlons. Parlez.	j'ai parlé

ebenso: alle regelmäßigen Verben auf -*er*

Beachte:

commencer (anfangen/ beginnen)	je commence tu commences il commence	nous commen**ç**ons vous commencez ils commencent	Commence. Commen**ç**ons. Commencez.	j'ai commencé
manger (essen)	je mange tu manges il mange	nous man**ge**ons vous mangez ils mangent	Mange. Mang**eo**ns. Mangez.	j'ai mangé
payer (bezahlen)	je paie tu paies il paie	nous payons vous payez ils paient	Paie. Payons. Payez.	j'ai payé

ebenso: envoyer (schicken)

préférer (vorziehen)	je préfère tu préfères il préfère	nous préférons vous préférez ils préfèrent		j'ai préféré.

2. Die Verben auf ‚-*dre*'

descendre (hinunter- gehen)	je descends tu descends il descend	nous descendons vous descendez ils descendent	Descends. Descendons. Descendez.	je suis descendu(e)

ebenso: répondre, attendre

3. Die Verben auf ‚-*ir*'

dormir (schlafen)	je dors tu dors il dort	nous dormons vous dormez ils dorment	Dors. Dormons. Dormez.	j'ai dormi
finir (beenden)	je finis tu finis il finit	nous finissons vous finissez ils finissent	Finis. Finissons. Finissez.	j'ai fini

ebenso: réfléchir

partir (abfahren)	je pars tu pars il part	nous partons vous partez ils partent	Pars. Partons. Partez.	je suis parti(e)

ebenso: sortir

4. Unregelmäßige Verben

aller (gehen)	je vais tu vas il va	nous allons vous allez ils vont	Va. Allons. Allez.	je suis allé(e)
avoir (haben)	j' ai tu as il a	nous avons vous avez ils ont		j'ai eu
boire (trinken)	je bois tu bois il boit	nous buvons vous buvez ils boivent	Bois. Buvons. Buvez.	j'ai bu
connaître (kennen)	je connais tu connais il connaît	nous connaissons vous connaissez ils connaissent		j'ai connu
devoir (müssen)	je dois tu dois il doit	nous devons vous devez ils doivent		j'ai dû
dire (sagen)	je dis tu dis il dit	nous disons vous dites ils disent	Dis. Disons. Dites.	j'ai dit
écrire (schreiben)	j' écris tu écris il écrit	nous écrivons vous écrivez ils écrivent	Ecris. Ecrivons. Ecrivez.	j'ai écrit
être (sein)	je suis tu es il est	nous sommes vous êtes ils sont		j'ai été
faire (machen)	je fais tu fais il fait	nous faisons vous faites ils font	Fais. Faisons. Faites.	j'ai fait
pouvoir (können)	je peux tu peux il peut	nous pouvons vous pouvez ils peuvent		j'ai pu
savoir (wissen/können)	je sais tu sais il sait	nous savons vous savez ils savent		j'ai su
venir (kommen)	je viens tu viens il vient	nous venons vous venez ils viennent	Viens. Venons. Venez.	je suis venu(e)

ebenso: tenir (halten)

voir (sehen)	je vois tu vois il voit	nous voyons vous voyez ils voient	 Voyons. Voyez.	j'ai vu
vouloir (wollen)	je veux tu veux il veut	nous voulons vous voulez ils veulent		j'ai voulu

Verzeichnis der grammatischen Begriffe

In der linken Spalte stehen die wichtigsten Begriffe aus diesem und dem ersten Grammatischen Beiheft.
Das Grammatikkapitel (G ...) nennt die Stelle, an dem du etwas über den Begriff erfährst. Wo kein Hinweis erfolgt, sind Begriffe bereits im ersten Band erklärt worden.
Die mittlere Spalte enthält Bezeichnungen, die dir aus der Grundschule vertraut sind. Manchmal stehen dort auch Begriffe, die zwar in dieser Grammatik nicht verwendet werden, jedoch möglicherweise von deiner Lehrerin/deinem Lehrer benützt werden.
In der rechten Spalte werden die französischen Entsprechungen sowie französische Beispiele aufgeführt.

Verwendete Bezeichnungen	Entsprechungen	Französische Bezeichnungen und Beispiele
Adjektiv	Eigenschafts- wort	l'adjectif: *une* ***grande*** *ville; un groupe* ***français***
Apostroph	Auslassungs- zeichen	l'apostrophe: *C'est l'anorak d'Eric.*
Artikel **- bestimmter ~** **- unbestimmter ~**	Geschlechtswort	l'article ~ défini: ***le*** *pull;* ***l'****anorak;* ***la*** *serviette;* ***les*** *adresses* ~ indéfini: ***un*** *château;* ***une*** *rue;* ***des*** *villes*
Bindung		la liaison (des mots): *des écoles*
Demonstrativbegleiter (G 11)	hinweisendes Fürwort	le déterminant démonstratif: *ce/cet/cette/ces*
Entscheidungsfrage	Gesamtfrage/ Ja/Nein-Frage	l'interrogation totale: *Victor est un chien?* *Est-ce que Luc est à table?*
Ergänzungsfrage	Teilfrage/Frage mit Fragewort/W-Frage	l'interrogation partielle: ***Quand*** *est-ce que tu vas à Paris?*
***Est-ce que*-Frage**	Umschreibungsfrage	l'interrogation avec *est-ce que:* ***Est-ce que*** *Nathalie est là?* ***Quand est-ce qu'****elle rentre?*
Femininum	weibliches Geschlecht	le genre féminin: ***une*** *copine*
Fragesatz		la phrase interrogative: *Qui est-ce?*
Futur composé	Zukunft	le futur composé: *Demain,* ***je vais regarder*** *la télé.*
Genus (das)	(grammatisches) Geschlecht	le genre: ***un*** *copain;* ***une*** *copine*

Verwendete Bezeichnungen	Entsprechungen	Französische Bezeichnungen und Beispiele
Hilfsverb (G 9)		(le verbe) auxiliaire: *avoir; être* (beim *passé composé*)
Imperativ	Befehlsform	l'impératif: *Regarde./Entrons./Répondez.*
Indirekte Rede (G 26)	Berichtende Rede	le discours indirect: *Hélène dit qu'elle va danser. Elle demande si la musique est bonne.*
Infinitiv	Grundform	l'infinitif: *être; regarder; pouvoir*
Intonationsfrage	Frage mithilfe der Satzmelodie	l'interrogation par intonation: *Victor est un chien?*
Inversionsfrage (G 24)	Frage durch Umstellung der Satzglieder	l'interrogation par inversion: ***Prends-tu** la voiture? Comment **allez-vous**?*
Konjugation	Beugung des Zeitwortes	la conjugaison: *je regard**e**, tu regard**es**, il regard**e**, etc.*
Konsonant	Mitlaut	la consonne: *b; c; d; f; g; etc.*
Lautbild (vgl. Schriftbild)	= wie etwas ausgesprochen wird	le code phonique
Maskulinum	männliches Geschlecht	le genre masculin: ***un** copain*
Nomen	Substantiv/ Hauptwort	le nom/le substantif: *le château, la rue*
Numerus (der)	Zahl	le nombre: ***un** copain; **des** copains*
Objekt **- direktes ~** **- indirektes ~**	Satzergänzung Akkusativobjekt Dativobjekt	le complément d'objet - ~ direct: *Nathalie regarde **Annick**.* - ~ indirect: *Nathalie raconte une histoire **à Annick**.*
Objektpronomen - direktes ~ - indirektes ~	Fürwort als - direktes Objekt - indirektes Objekt	le pronom objet: - ~ direct: *Tu **le** prends? Je **vous** écoute.* - ~ indirect: *Elle **lui** téléphone. Je **leur** achète un CD.*
Partizip Perfekt (G 6)	Mittelwort des Perfekts	le participe passé: *J'ai **joué** au tennis./Elle a **mis** un pull.*
Passé compose (G 6)	Vergangenheit	le passé composé: *j'**ai** regard**é** la télé./Elles **sont** descend**ues**.*
Plural	Mehrzahl	*le pluriel: **les** livres*

Verwendete Bezeichnungen	Entsprechungen	Französische Bezeichnungen und Beispiele
Possessivbegleiter	besitzanzeigendes Fürwort	le déterminant possessif: ***mon/ton/son/****... frère*
Präposition	Verhältniswort	la préposition: ***à*** *Fontainebleau;* ***de*** *Paris;* ***avec*** *Arthur;* ***sur*** *le lit*
Präsens	Gegenwart	le présent: *Je regarde un film.*
Schriftbild (vgl. Lautbild)	= wie etwas geschrieben wird	le code graphique
Singular	Einzahl	le singulier: ***un*** *pull*
Subjekt	Satzgegenstand	le sujet: ***Anne*** *est de Paris.*
Subjektpronomen	= Fürwort als Satzgegenstand	le pronom sujet: *je; tu; il; elle; on; nous; vous; ils; elles*
Teilungsartikel (G 32)		l'article partitif: *Je prends* **de la** *confiture.*
Verb	Zeitwort	le verbe: *être, regarder; pouvoir; finir; etc.*
- regelmäßiges ~		- ~ régulier: *parler; attendre; etc.*
- unregelmäßiges ~		- ~ irrégulier: *être; avoir; faire; etc.*
Verneinung		la négation: *Je* ***ne*** *travaille* ***pas****./ Elle* ***ne*** *mange* ***plus.***
Vokal	Selbstlaut	la voyelle: *a; e; i; o; u; y*

Stichwortverzeichnis

Die Zahlenangaben verweisen auf die Grammatikkapitel.

Adjektiv
1 (Singular)
1 (Sonderformen)
2 (Plural)
3 (mit *être*)
5 (Stellung)
31 *(beau/nouveau/vieux)*
avoir envie de faire qc **21**
avoir le temps de faire qc **21**
beau **31**
boire **34**
ce/cet/cette/ces **11**
commencer **29**
connaître **25**
Demonstrativbegleiter 11
de la (Teilungsartikel) **32**
devoir **28**
dire **23**
du (Teilungsartikel) **32**
écrire **23**
en **37**
envoyer **39**
finir **40**
Futur composé
6 (Bildung)
15 (Verneinung)
il faut faire qc **13**
il me faut qc **33**
Indirekte Frage 26
Indirekte Rede 26
Inversionsfrage 24
leur
18 (Objektpronomen)
18 (Possessivbegleiter)
lire **23**
lui (Objektpronomen) **18**
manger **29**
me (Objektpronomen) **16**
Mengenangaben
20, 22 (Verneinung)
36 *(assez de/beaucoup de/ très peu de/trop de)*
ne … jamais (Verneinung) **15**
ne … personne (Verneinung) **15**
ne … pas de (Verneinung) **20**
ne … plus (Verneinung) **15**
ne … plus de (Verneinung) **22**
ne … rien (Verneinung) **15**
nous (Objektpronomen) **16**
nouveau **31**
Objekt
18 (direktes/indirektes)
Objektpronomen
16 *(me/te/nous/vous)*
17, 18 (Stellung)
18 *(lui/leur)*
Participe passé
6, 8 (Bildung)
10 (Veränderlichkeit)
Passé composé
6 (mit *avoir*; Verben auf *-er*)
7 (Verneinung)
8 (Verben auf *-dre*)
9 (mit *être*)
10 (Veränderlichkeit bei *être*)
payer **39**
préférer **35**
protéger **29**
quel (Fragewort) **19**
réfléchir **40**
savoir **27**
Stammerweiterung 40
te (Objektpronomen) **16**
Teilungsartikel 32
tenir **12**
tout (indefiniter Begleiter) **30**
venir **12**
Verben auf *-ir*
14 *(dormir/partir/sortir)*
40 *(finir/réfléchir)*
Verneinung
15 *(ne … plus/ne … rien/ ne … jamais/ne … personne)*
20 *(ne … pas de)*
22 *(ne … plus de)*
vieux **31**
voir **4**
vous (Objektpronomen) **16**
y **38**